DET FRIA SVERIGE

DET FRIA SVERIGE
Föreningen och visionen
Första utgåvan

Stadfäst av årsmötet,
27 oktober 2017.

Publicerad 2017 av Det fria Sverige.

Copyright © Det fria Sverige 2017.
Alla rättigheter förbehållna.
Kopiering eller spridning av hela eller delar av denna
publikation är ej tillåten utan skriftligt tillstånd.

Tryckt i Storbritannien.

ISBN 978-91-984411-0-9

www.detfriasverige.se

Innehåll

Föreningen Det fria Sverige	8
Sverige idag och i framtiden	13
Våra ledord	39
Vår symbolik förpliktigar	44
Verksamhet och fundament	50
Medlemmen	60
Vad är nationalism	64
Sverige och svenskarna	71
Ett eko från förr	79
Från föreningens grundare	93

Föreningen Det fria Sverige

Vad är föreningen Det fria Sverige? Vad vill vi? Varför investerar vi tid och pengar i denna sammanslutning? Varför ska du göra det? Det kan finnas många frågor för den som just kommit i kontakt med oss och på följande sidor ämnar vi förklara och berätta så mycket vi kan för att du skall få en så enkel och klar bild som möjligt av oss. Många av frågorna får dock sitt svar i namnet på föreningen: Vad vill vi? Vi vill det fria Sverige! Det är egentligen inte mer komplicerat än så.

En intresseförening med transparens
Det fria Sverige är en intresseförening för svenskar och föreningen vilar på nationell och traditionell grund. Föreningen styrs av sina aktiva medlemmar genom att varje röst hörs och varje röst

räknas. Föreningen är absolut transparent vad gäller såväl verksamhet som ekonomi. Föreningen är ideell och samhällsnyttig. Föreningen är fredlig och laglig. Vi är uppfyllda av den svenska anda som finns i våra gamla landskapslagar, att "land skall med lag byggas" och vi skyr pöbelväldet. Vi tror på ordning och reda. Vi hyllar individens frihet, under ansvar för den gemenskap som denna frihet är beroende av för att kunna hävdas. Vi har högt i tak och långt till dörren vad gäller yttrande-, åsikts- och tankefrihet – det goda samtalet ser vi som ett skydd mot intellektuell likriktning (vilket i förlängningen leder till en tankens inavel med sorgliga konsekvenser). Vi håller begrepp som i dag hamnat i vanrykte högt: flit, heder, ära, moral, kärlek, offervilja och så vidare är levande för oss, inte något livlöst från historiens dammiga vrår. Vi är positiva, konstruktiva och söker vägar framåt, lösningar på utmaningarna vi står inför och finner dem utan att dagtinga med våra grundläggande nationella principer.

En partipolitiskt obunden förening
Det fria Sverige utgörs av svenska traditionalister som tillsammans delar en grundläggande analys och vision. Analysen vi delar förpliktigar

oss att agera och våra handlingar syftar mot den vision vi tror på. Det fria Sverige är en partipolitiskt obunden förening, vilket kanske verkar motsägelsefullt. Förvisso är vi traditionella nationalister, men detta transcenderar realpolitiska ställningstaganden och den klassiska höger-vänster-skalan. Som medlem i Det fria Sverige kan du vara högerorienterad eller mer klassiskt vänster; du kan vara frihetlig eller auktoritär; radikal eller reaktionär – så länge du delar våra grundläggande gemensamma ståndpunkter som läggs fram i denna skrift och står bakom våra stadgar är du välkommen. Men var beredd på att få försvara dina åsikter eftersom vi uppmuntrar till debatt och diskussion. Vi hindrar heller ingen medlem från att vara en del av föreningen samtidigt som hon är aktiv någon annanstans. Somliga vill stötta Det fria Sverige men har kanske andra engagemang som vederbörande finner viktigare. Vi stänger inte ute sådana rekorderliga människor.

Tro vad du vill men gör det med respekt
Förutom att Det fria Sverige inte är partipolitisk är den också icke-konfessionell. Var och en i föreningen har rätt till sin egen tro, eller avsaknad av tro. Detta är inget som Det fria Sverige dik-

terar något rätt eller fel gällande. Varje medlem har också rätt att ge uttryck för sin tro, berätta om den och företräda den inom föreningen – om någon annan vill lyssna. Det vi kräver av varje medlem är dock att de respekterar varandra och de olika trosföreställningar som våra förfäder tagit till sig genom historien.

En plats för eget ansvar
Det fria Sverige är inte en förening som bygger på principen om organisering ovanifrån utan snarare är det det rakt motsatta som gäller: organisering underifrån och det egna ansvaret i fokus. Kraften i föreningen kommer från medlemmarnas gemensamma strävan och deras egen motivation. Det fria Sverige ser det som sin uppgift att sammanföra och underlätta för personer som själva vill skapa en bättre framtid såväl som samtid, inte som en sammanslutning vars syfte är att ge direktiv efter färdiga mallar från en ledare eller ledarna.

Vi bedriver självfallet också klassisk föreningsverksamhet och de ekonomiska muskler föreningen bygger kommer användas för att skapa förutsättningar som underlättar medlemmarnas möjligheter att ta eget ansvar; framförallt genom Svenskarnas hus som är en prioriterad del av föreningens mål (mer om detta förklaras i kapitel fem). Men föreningen är öppen för alla som vill vara delaktiga och självfallet är det så att för somliga handlar det om att stötta verksamheten ekonomiskt, men därutöver finns mycket utrymme för annat. Vi uppskattar allt stöd och all hjälp och ju fler som drar sitt strå – oavsett vad för strå det är – till stacken, desto bättre är det. Vi måste alla göra vad vi kan och när vi gör det förtjänar vi tillbörlig respekt för det.

Sverige idag och i framtiden

DEN NUVARANDE SITUATIONEN

Fundamenten skakas i grundvalarna
När detta skrivs, i slutet av 2017, befinner sig svenskarna i en högst märklig situation. Å ena sidan har de flesta det gott ställt rent ekonomiskt och arbetslösheten är försvinnande låg, men samtidigt ser många att orosmolnen hopar sig på himlen. För samtidigt som svenskarna i gemen har det gott ställt kommer rapporter om att de som redan lever på marginalerna får det allt svårare att få hushållet att gå ihop. Därtill inser många, efter att ha öppnat det orangea kuvertet från pensionsmyndigheten, att deras ålders höst får vänta eftersom de inte kommer kunna leva på pensionen som väntar, trots ett helt arbetsliv bakom sig. Klyftorna mellan dem som har och

dem som inte har ökar, men samtidigt är det många som märker att det inte krävs mycket att gå från "att ha" till "att inte ha"; en längre tids sjukdom eller att man hamnar mellan stolarna hos någon myndighet i samband med arbetslöshet kan räcka för att man skall hamna så långt efter att man inte kan hämta hem det igen. Det är inte bara ett faktiskt ekonomiskt avstånd mellan dem som har och dem som inte har, också verkligheten uppfattas olika och skapar ett splittrat samhälle. Man förstår inte varandra och detta minskar sammanhållningen i samhället generellt.

Men det är tydligt för båda grupperna att de tre grundpelarna i välfärdsstaten: vård, skola och omsorg, sakta eroderar. Vårdkrisen verkar ha blivit det normala och skolkrisen likaså. Omsorg vill man inte ens tänka på, men vi läser om hur barn med särskilda behov inte får den hjälp de behöver från det allmänna och hur fattigpensionärer kan räknas i hundratusentals numera. Svenskarna vet inte riktigt hur de skall tacka detta. Vi har lärt oss att staten tar hand om oss från "vagga till grav" och detta har varit sant för tidigare generationer. Detta har i sin tur gjort att de traditionella grundpelarna i samhället som tidigare fanns – framförallt den utvidgade familjen – har försvunnit i samma takt som vi lämnat över ansvaret åt staten. Mor och far ska ju tas om hand på ålderdomshemmet; barnen våra lämnas till barnomsorgen och skolan och skiljer vi oss kan vi lita på att staten träder in som ny make. De flesta svenskar saknar i dag de djupare familjeband som en gång var naturliga för oss. Välfärdsstaten har blivit vår far och mor. Men vad händer när vi blir föräldralösa?

Rättsstaten i kris

Det är inte bara vård, skola och omsorg som sakta försämras. Det blir allt tydligare att de rättsvårdande myndigheterna – polisen och domstolarna – krackelerar. Poliskrisen kan vi lägga till de övriga kriser som vi hör om. Sverige får allt fler no-go-zoner (av etablissemanget kallade "utanförskapsområden") där polisen får det svårare och svårare att upprätthålla svensk lag och grundläggande ordning. Av allt att döma har man givit upp försöken att rädda flera förorter och stadsdelar i landet. Men det är inte bara i dessa förorter som rättssamhället misslyckas. Andelen "vardagsbrott" som klaras upp är försvinnande få, men även grova sexualbrott prioriteras ned eftersom man inte har resurser. Därtill har svensk polis inte lyckats förhindra terrorism i vårt land, något vi alla blev smärtsamt varse den 7 april 2017 på Drottninggatan i Stockholm. Gärningsmannen var känd av säkerhetspolisen, men lyckades ändå genomför dådet, vilket kanske inte är så underligt med tanke på att säkerhetspolisen konstaterat att antalet radikala muslimer i Sverige på några få år ökat från ett par hundra till flera tusen; bland dem många som återvänt från tjänstgöring hos Islamiska staten.

Försvarslösa och utan tak över huvudet
Också infrastrukturen och försvaret är eftersatt. Bostadskrisen kan vi inte höra nog om och statliga Boverket rekommenderar att närmare 700 000 bostäder måste byggas på tio år, en grannlaga uppgift som inte kan genomföras såvida man inte accepterar lägre standard och nya miljonprogram med allt vad det leder till i förlängningen. Tusentals unga svenskar har att se fram emot att tvingas bo kvar hemma långt efter att de blivit vuxna, vilket i sin tur leder till att de själva kommer att hindras att bilda egna familjer. Därtill fortsätter avfolkningen av landsbygden och trenden är att det är unga kvinnor som framförallt lämnar hembygden för vidare studier i staden, medan männen blir kvar. Den feministiska politiken verkar leda till att kvinnorna blir de dominerande bland de högutbildade i framtiden,

medan männen hamnar hopplöst på efterkälken. Är det detta som kallas jämställdhet?

Försvarsmaktens överbefälhavare sa 2013 att man kunde försvara delar av landet i ungefär en vecka om ingen hjälp kom, därefter var det över. Även om det signalerats om mer resurser till försvaret samt att den allmänna värnplikten till del återinförts så står det klart att det kommer ta minst ett årtionde, om inte längre, innan någon egentlig förstärkt försvarsförmåga är uppnådd. Detta har i sin tur givit vind i seglen åt dem som arbetar för att Sverige skall ansluta sig till Nato och därmed ge upp den militära suveräniteten.

Dyster demografi – svensken blir en minoritet
När kampanjorganisationen Bevara Sverige svenskt i slutet av 1970-talet varnade för en framtid där svenskarna på sikt skulle trängas undan var det få som lyssnade. Nu går det inte att förneka att det snarare är oundvikligt. Enligt somliga, som forskaren Karl Olov Arnstberg, kan svenskarna bli en minoritet i Sverige redan 2065 – förutsatt att inget dramatiskt förändras. Förvisso kommer svensken att vara den största minoriteten i landet under överskådlig framtid, men icke förty en minoritet. I Malmö är det redan så då infödda svenskar (svenskar med svens-

ka föräldrar, inte "svenskar" födda av utländska föräldrar i Sverige eller "svenskar" med en förälder född utomlands eller "svenskar" som fått ett medborgarskap) redan är en minoritet. Dock skedde något dramatiskt under 2015 då den stora "flyktingkrisen" slog till. Ungefär 163 000 personer tog Sverige emot under 2015 och enligt uttalande från polisen i samband med krisen räknade man med att antalet personer som inte registrerades var ungefär lika stort. Således kom närmare 300 000 till Sverige och vart hälften av dem tagit vägen har man ingen som helst aning om.

Under det enorma tryck som Sverige utsattes för höll landet på att knäckas och till sist slog regeringen till nödbromsen. Under 2016 sjönk så antalet asylsökande till under 30 000. Prognosen för 2017 ligger på litet under 40 000. Många av de personer som sökt asyl får avslag, men ytterst få utvisas ur landet. Det rör sig om några tusen man faktiskt lyckas utvisa medan de allra flesta blir kvar under längre tid och många går under jorden. Viktigt att poängtera i sammanhanget är gruppen utöver asylsökarna, alla de som kommer i anhöriginvandringens spår vilket betyder att siffrorna ovan till sist kommer att flerdubblas.

Ingenting tyder på att de stora folkvandringar som i dag pågår – med siktet ställt mot Europa – kommer att avta. Snarare tvärtom. I FN:s rapport 2015 revision of World Populations Prospects konstateras följande:

- Mellan år 2015 och 2050 beräknas 28 afrikanska länder fördubbla sin folkmängd.
- Somalia väntas gå från 10,7 miljoner (2015) till 27 miljoner (2050) och på lite längre sikt till 58,3 miljoner invånare (2100).
- Afghanistan beräknas gå från 32,5 miljoner (2015) till 55,9 miljoner invånare (2050).
- De europeiska, västerländska ländernas befolkningsökning beräknas ske genom invandring och invandrares högre födelsetal.

Det är således inte längre en fråga om huruvida vi kommer bli en minoritet, utan när. Sverige ligger i topp i Europa vad gäller nativitet: vi föder 1,85 barn per kvinna. Problemet är att det krävs 2,5 till 3,0 barn per kvinna för att en population skall upprätthållas över tid. Ytterligare ett problem är att i siffran 1,85 barn räknas också icke-svenskar in och vi vet att första generationens invandrarkvinnor är den grupp som driver upp statistiken ovan. Det är först andra generationens invandrarkvinnor som tar efter det svenska mönstret med en betydande lägre nativitet.

Två slutsatser kan dras av detta. Även om svenska kvinnor föder barn kommer det inte räcka till så länge som 1) invandrarkvinnor i första generationen föder fler samt 2) invandringen fortsätter ligga på en generellt hög nivå. Därför kan vi med matematisk visshet konstatera att vi kommer bli en minoritet på sikt, varför också FN konstaterar att befolkningsökningen i Europa och Västerlandet kommer att ske primärt genom invandring. Demografins första lag är tydlig och enkel: "Ett land vars befolkning inte föder barn kommer att ersättas av barnen från de länder vars befolkningar gör det!" Eftersom demografin är problemet är också demografin lösningen. Det måste vi ta fasta på.

Islamiseringen
Det går inte att komma ifrån det faktum att Sverige islamiseras – det sker inte överallt och inte hela tiden, men det sker. Att så sker är också fullständigt naturligt eftersom områden som bebos av många människor som delar religion och kultur kommer att prägla omgivningen. Det i kombination med en inställning från etablissemanget som går ut på att samhället måste visa

stor förståelse och tolerans samt på alla sätt och vis underlätta för människor som kommer nya till landet, ger vid handen att deras krav kommer att tillmötesgås. Allt annat är ju mer eller mindre rasism.

Resultaten ser vi i vår samtid där den muslimska minoriteten i takt med att de blir fler också ställer fler krav på anpassning från värdlandet och svenskarna. Vi ska acceptera moskéer och därefter böneutrop från moskéerna; vi ska acceptera krav på särskild mat för muslimer inom vård, skola och omsorg om de utgör en stor grupp i den stadsdel eller kommun där berörda dagis eller vårdinrättning ligger; vi ska acceptera att våra barn skall "lära sig" om de nya kulturen och religionen (med tyngdpunkten att lära sig acceptera och respektera deras nycker) och vi skall alla förmås acceptera att de är här för att stanna och att det är bra för oss.

Det är svårt att veta hur många muslimer som finns i Sverige. Enligt den amerikanska tankesmedjan Pew Research Center fanns det 2010 närmare 450 000 (4,9 procent av befolkningen) muslimer i Sverige. Deras prognos säger att det kommer handla om närmare miljonen år 2030 (alltså dryga tio procent av befolkningen). Enligt en undersökning gjort av tidningen Dispatch

International 2011 fanns det redan då en närmare 600 000 muslimer i Sverige (och därefter har ytterligare minst 300 000 tillkommit), varför siffran tio procent kanske redan är uppnådd och överskriden. Oavsett, efter massinvandringen 2015 och framåt (med en alltjämt förhöjd invandring) kan vi dock antaga att det kommer ske innan 2030. Vad händer då?

I boken Slavery, Terrorism and Islam från 2010 skriver Peter Hammond om hur samhällen förändras i takt med att islam breder ut sig i dem. Ett land som har mellan fyra och tio procent muslimer [Sverige alltså] kan förvänta sig följande (här satt i svenskt perspektiv): "När den muslimska befolkningen närmar sig fem procent och över utövar de ett stort inflytande i landet trots deras förhållandevis ringa antal. Man kräver separata skolor, rätten till halal (vilket skapar jobb för muslimer), att mataffärer måste sälja deras mat, rätten till moskéer och bönerum, rätten till böneutrop. Ju starkare röst muslimerna får desto tydligare krav på shariazoner ställs det. Vartefter den politiska korrektheten nöter på, börjar också de sekulära rättssystemen ta till sig muslimernas krav [som när en hovrätt i Sverige konstaterade att muslimsk brudpenning enligt sharia, gäller i landet - en dom som i och för sig upphävdes i

Högsta domstolen men kan givetvis komma tillbaka]. Det viktiga att förstå i sammanhanget är att muslimer inte har som mål att omvända alla till islam utan att muslimsk lag skall råda. Då får den som inte är muslim betala jizya, en skatt avsedd att påskynda konvertering." När siffran stiger över tio procent blir det ännu värre.

Samhällsexperimentet framför allt
De politiska ledarna (staten) har som uppgift att säkerställa medborgarnas grundläggande fri- och rättigheter samt över tid skapa de bästa förutsättningarna för kommande generationer. I sig är detta en grannlaga uppgift och speciellt så i en värld som är global där inrikespolitiska händelser i en nation på andra sidan jorden kan få direkta konsekvenser för svensk inrikespolitik. Man ska inte tro att det är ett enkelt arbete att vara yttersta ansvarig för en nation och människorna som lever där. Desto viktigare är det då att politikerna och staten fokuserar på de praktiska uppgifterna som ligger framför dem. Så sker inte i Sverige och så har inte skett under många årtionden. I stället har vi sett hur ideologisk aktivism och social ingenjörskonst har drivit på medan politiken har varit redskapet som samhällsexperimentet genomförts med.

Detta blir framförallt tydligt när man ser på hur resurserna används. Medan vi ser hur område efter område krisar, bland annat på grund av otillräckliga ekonomiska resurser, betalar stat och kommun enorma avgifter för att bli hbtq-certifierade, för jämställdhetskurser och annat som har sin grund i den ovetenskapliga genusvetenskapen och den aktivistfeministiska rörelsen. Åtskilliga miljoner plöjs ner i offentlig konst som skall främja vissa värderingar och vartenda nytt projekt skall analyseras ur ett genusperspektiv.

Den ideologiskt drivna aktivismen som genomsyrar den svenska konsensuskulturen är utpräglat "vänster", vilket slår igenom alldeles oavsett vilka partier som för tillfället är i regeringsställning. Fackförbunden, gammelmedia och de tusentals anställda på olika statliga verk – med flera – fortsätter att driva den överordnade agendan som de fått med sig från skolan och den högre utbildningen, och som kablas ut genom public service. Detta får stora konsekvenser för hur samhället fungerar och agerar. Exempel på det är de åtgärder som skulle sättas in i Järvaområdet i Stockholm mot återvändande IS-terrorister vilka skulle "återintegreras" i samhället genom hjälp till terapisamtal, egen lägenhet och arbete eller utbildning. På samma sätt smeker

man kriminella i förorten medhårs. Detta bottnar i en vänsterextrem grundsyn som reducerar människor till enkom materiella varelser som endast präglas av sociala förhållanden. Så har den svenska vänstern inte alltid varit och dåvarande statsministern Tage Erlander (S) visade prov på detta i ett tal inför riksdagen då han, med anledning av kravaller mellan svarta och myndigheterna i USA 1962 yttrade: "Vi svenskar lever ju i en så oändligt mycket lyckligare lottad situation. Vårt lands befolkning är homogen, inte bara i fråga om rasen utan också i många andra avseenden. Därför kan vi angripa arbetslöshetsproblemen på ett helt annat sätt, i medvetande om att det vi gör är en sak som i varje fall inte influeras av skiljaktigheter i hudfärg eller religion utan att våra insatser får sin motivering uteslutande med tanke på arbetslöshetsfrågan själv."
I dag hade Erlander brännmärkts som rasist och uteslutits ur partiet. Till och med Olof Palme förklarade, då han under 1970-talet inte vill ta emot (antikommunistiska) flyktingar från Vietnam att orsaken var att "deras kultur skiljer sig så avsevärt från vår att det skulle få oanade följder". Erlander och Palme var för övrigt inte de enda och följande två citat från svensk politisk historia visar förändringen som skett:

"Det vore roligt om Sverige med sina välskötta och slumfria städer och sin ovanligt enhetliga och välbalanserade befolkning även i framtiden skulle komma att bebos av våra efterkommande utan alltför våldsam uppblandning av främmande folkelement." Utvecklingsminister Ulla Lindström 1955.

"Värdet av att vårt lands befolkning är av en sällsynt enhetlig, oblandad ras kan knappast överskattas. Det är därför av betydelse att kontrollera invandring av folkslag, som ej till båtnad för oss låta sig sammanblandas med vår befolkning." Statsminister Rickard Sandler och grundare av ABF.

Vi kan konstatera att det som varit, har farit! Självfallet är politik alltid ideologiskt driven, men vi måste kunna vara trygga med och säkra på att politikerna faktiskt – i grund och botten – övervakar de grundläggande delarna av det samhällskontrakt som ändå finns. Vi medborgare betalar skatt och gör på alla andra sätt vår del, då ska de göra sin. I dag gör de inte det, vilket kriserna visar och det faktum att man driver sina sociala experiment på bekostnad av de grundläggande behoven hos folket. Det är uppenbart att de styrande anser det vara viktigare med massinvandring och mångkultur; hbtq och genus; acceptans av islam och generella kränkthetsbryderier, än med svenskarnas väl och ve. Det sägs att man inte ska ställa grupper mot grupper, men etablissemanget gör det hela tiden – och varje gång förlorar svenskarna.

VAD VI HAR ATT VÄNTA

Det finns ingenting som tyder på att en förändring är nära förestående. Ser vi till den realpolitiska arenan har de gamla partierna redan visat att de är beredda att göra vad som helst för att inte ens släppa fram ett så pass moderat nationalistiskt parti som Sverigedemokraterna (SD). Den så kallade Decemberöverenskommelsen är kanske det bästa exemplet, men också det faktum att vart och ett av de gamla partierna uttryckligen konstaterat att de aldrig kommer att samtala med eller samarbeta med SD. Förvisso är politikernas löften sällan värt något, men vi kan på goda grunder förutsätta att man hellre skapar blocköverskridande samarbeten än bjuder in Sverigedemokraterna till samtal. Då återstår att

SD skulle kunna erövra 51 procent i allmänna val framöver. Flera saker talar mot det. Först och främst ligger det (med den tillväxt av röster vi ser i dag) fortfarande ett par val in i framtiden. I Sverige har vi val vart fjärde år och om den demografiska situationen inte kastas om helt och hållet nu, kommer svensken att vara i minoritet redan 2030. Och även om vi är den största minoriteten betyder det att 51 procent av väljarna svårligen kommer att rösta på ett nationellt alternativ. Men även om det skulle gå snabbare än så och SD erövrar majoritet redan 2022, har de fortfarande en statsapparat med tjänstemän och direktörer som är allt annat än nationellt sinnade. Ytterligare ett problem är att de åtgärder som då behövs tas till för att styra skutan på rätt kurs, förmodligen inte skulle kunna användas av det anständiga demokratiska partiet SD. Något annat som talar mot en parlamentarisk framgång i framtiden är att väldigt många svenskar som inser vartåt det barkar hän har investerat för mycket i det gamla Sverige för att vilja eller våga riskera det, andra får ju sin utkomst från det Sverige som är och vem vill riskera jobbet i statsapparaten?

Det finns dock tecken i tiden som visar att svenskar tröttnat. Det är tydligt när man ser till de fria mediernas ökande förtroende och det stöd som olika nationella initiativ faktiskt har. Det syns också tydligt i det faktum att flera av de gamla partierna litet smått anpassar sin egen politik för att försöka övertyga den stora skaran Sverigevänner (som de kommit att kallas) att vända åter till dem. Med största sannolikhet kommer det att bli tuffare tag och högre krav på "flyktingar"; antagligen kommer den ohämmade massinvandringen regleras och reglerna efterföljas bättre. Men det faktum att invandring från tredje världen kan motiveras med att svenskarna inte föder barn kommer inte förändras – skall så ske krävs det att staten sätter in resurser för att göra det attraktivt att bilda barnrika familjer. Inget tyder på att något parti har en sådan politik på dagordningen. Men även om så skulle ske tar det lång tid för den politiken att slå igenom, och i väntan på att de nya generationerna skall växa upp fortsätter folkutbytet.

Vi ser heller inget som tyder på att staten har för avsikt att reformera sig själv i en mer frihetlig riktning. Snarare sväller den och gör ansatser för att blanda sig i folks privat- och familjeliv ännu mer. Man vill utöka skolplikten; lagstifta om delad föräldraförsäkring; kräver jämställda bolagsstyrelser med hot om lagstiftning och fortsätter att höja skatterna (eller hitta på nya). Inget av detta kommer svenskarna till gagn utan som vi tidigare fastslog så kommer svenskarna att förlora varje gång grupp ställs mot grupp (vilket är vad politik handlar om). I första hand är det de redan svaga och utsatta som förlorar; ekonomiskt svaga familjer, äldre och sjuka är de som tar de första smällarna när notan för folkutbytet och de enorma samhälleliga påfrestningarna skall betalas. I andra hand är det den arbetande svenska befolkningen och deras barn som kommer att drabbas, genom skatter och en välfärd som inte kommer vara värd namnet. De kriser vi har i dag kommer att vara kriser också i morgon – fast ännu djupare sådana.

Massinvandringen kommer också att fortsätta, även om den antagligen kommer att hållas på en jämn (hög) nivå för att systemen inte skall bryta samman. I och med det kommer Sverige att i grunden förändras. Det sker redan nu med allt fler "utanförskapsområden" och platser där polisen retirerar och låter kriminella gäng ta över (gäng som ofta har en etnisk eller religiös identitet). Delar av Sverige kommer att klara sig bättre under längre tid, men alla kommer likväl att drabbas och har man minsta tanke på nästkommande generationer så inser man att det inte håller över tid. Mångkulturen har en inneboende brist som gör att alla sådana samhällskonstruktioner förr eller senare bryter samman. Det finns två vägar dit och slutet är alltid likadant – våldsamt. Antingen går processen långsamt där levnadsvillkoren försämras så sakta att det nästan är omärkligt, samtidigt som staten kopplar ett allt hårdare grepp om befolkningen genom att inskränka de grundläggande fri- och rättigheterna. Det är det enda sättet att hålla ihop det mångkulturella bygget eftersom de inneboende slitningarna mellan folk och kulturer leder till konflikter. Ökande kriminalitet, terrorism och parallella samhällsstrukturer möts av paramilitär polis och övervakning. Brasilien är ett exempel på en sådan samhällsutveckling.

Det andra alternativet är att en religiös eller etnisk grupp blir så pass stor och stark att de kan utmana centralmakten om makten; kanske inte i hela riket men i delar av det. Andra grupper inser då att de är hotade varpå också de organiserar sig och snart har man ett inbördeskrig på halsen. Exemplet Libanon. Sverige går mot detta; Europa går mot detta – något som det varnas för från olika håll med jämna mellanrum. För förutom de etniska, religiösa och kulturella konflikterna som utlänningarna tar med sig till Sverige, kan när som helst den ekonomiska krisen slå till med kraft. Ett Sverige som redan är ekonomiskt försvagat av en oansvarig politik med en extremt belånad befolkning kommer svårligen kunna sätta in de resurser som behövs för att mildra den kommande krisen. När arbetslösheten ökar och många inser att de måste lämna hus och hem (samt den höga standard de är vana vid) för att tvingas tävla med en importerad arbetskraft från tredje världen, så slits samhället itu. Vare sig det går fort eller långsamt så är det moderna Välfärdssverige med sin liberala demokrati dödsdömt i det långa loppet. Detsamma gäller Västeuropa.

Ytterligare en aspekt som måste vägas in är hur illa förberedda svenskar i gemen är på såväl obekväma som våldsamma tider. Efter 200 år av fred och tillväxt med endast mindre ekonomiska näsbrännor samt nya generationer marinerade i hbtq och genus, där man avsvurit sig de traditionella rollerna och förlorat själva förståelsen för plikt och heder, finns i stort sett ingen motståndskraft eller försvarsvilja kvar hos individen. Vi målar med bred pensel i argumentationen, det är sant, eftersom det fortfarande finns många svenskar som definitivt inte passar in på beskrivningen ovan. Men det ändrar inte på kalla fakta; de utlänningar som nu välkomnas som "nya svenskar" och kommer från länder med mycket lägre standard och därtill krig och annat elände, är långt mer självständiga än svenskar i största allmänhet. När tiden runnit ut för det gamla Sverige så kommer många svenskar att förvånade titta upp från sin bekväma bubbla och undra vad i hela friden som har hänt. Man undviker att se verkligheten och erkänna farorna som hotar – man drar åt skygglapparna i stället – för saken är ju den att om man erkänner det man innerst inne vet är sant, betyder det också att man måste ta ansvar nu, vilket i sin tur innebär att livet blir lite jobbigare. Och det vill man inte.

Det är med insikten om den nuvarande situationen och ovanstående analys om Sveriges framtid som föreningen Det fria Sverige (DFS) organiserar sig.

Vi tror inte att en parlamentarisk lösning på Sverige och svenskarnas problem står att finna. Inte heller tror vi på en våldsam konfrontation med staten för att ersätta den med ett nationellt styre. Vi tror inte på ett avgörande inom kort. Vi tror inte heller att den ovanifrån organiserade massrörelsen är vägen framåt, inte heller ett krampaktigt kvarhållande vid retorik, taktik och estetik från förr. Vi tror inte att den politiska lösningen är att hålla kvar vid historiska idéer och ideologier, vilka stammar från en tid så fullkomligt olik den verklighet vi lever i, även om vi gärna gräver där vi står för att finna inspiration. Vi erkänner inte något ansvar för – eller skuld över – historiska händelser, om det så är det 30-åriga kriget eller den sorgliga period under början av 1900-talet där Europas söner och döttrar matades i bottenlösa köttkvarnar under två världskrig. Vi lär av historien, vi motiveras av den, men den dikterar inte vår väg i dag. Nu är nu.

Föreningen Det fria Sverige förhåller sig till den värld vi nu lever i och de omständigheter som råder. Vi behöver inte gilla det vi ser men vi kan inte låtsas som om det regnar och slänga bort tid och resurser på sådant som inte ger några faktiska resultat. Vi vill spela roll, göra avtryck och påverka till det bättre. En grundläggande insikt måste vara att ingen kan göra allt men att alla kan göra något, något vi tar fasta på i föreningen. Gemenskapen är till för var och en som gör vad den kan utifrån sina egna förutsättningar. En annan grundläggande insikt är att vi i dag, med tanke på allvaret i situationen, inte har råd att söka det som skiljer oss åt. Det fria Sverige söker i stället det som förenar oss varför medlemskap är öppet för alla som sympatiserar med de fyra grundstenar som utgör vårt samlade program (mer om detta i nästa kapitel). Därtill är vår verksamhet tudelad – den följer två vägar – där den ena handlar om vad vi kan och ska göra nu och den andra om hur vi bäst förbereder för framtiden utifrån de olika scenarier vi finner mest troliga.

Hur vill vi förändra nu?
Det fria Sverige identifierar sig som en intresseorganisation för svenskar, en förening som driver opinion och arbetar för svenskarnas rättigheter i en tid då Sverige, svenskarna och själva svenskheten ifrågasätts. Detta görs bland annat genom klassiskt opinionsarbete, föredrag och folkbildning men också genom strävan att etablera Svenskarnas hus runt om i landet – alltså faktiska och fysiska mötesplatser där det fria Sverige redan är en verklighet. Det fria Sverige vill skapa mötesplatser för sina medlemmar för att dessa i sin tur skall kunna etablera ett stort kontaktnät av likasinnade samt ett nätverk där man ger och tar. Vi kommer inte kunna lita på att staten finns för oss, därför måste vi börja lita på varandra. Genom de mötesplatser som föreningen skapar kan medlemmarna fritt söka sina egna sammanhang att ingå i, om de så önskar. Själva grunden

för detta är Svenskarnas hus (vilket vi återkommer till senare i denna skrift). Förutom gemenskapsbyggande verksamhet har Det fria Sverige också som uppdrag att verka folkbildande; att erbjuda kunskap och insikt om allt det som etablissemanget antingen struntar i eller förfalskar.

Förutom den inre medlemsverksamheten är det föreningens ambition att företräda svenskarna i offentligheten; vi vill vara den ledande rösten i samhället för svenskar, oavsett ålder, kön eller samhällsklass – vi tror på nationell enighet och samförstånd, inte splittring och uppdelning. En del av detta handlar om att utmana den styrande kasten, den massmediala eliten och/eller företag och organisationer som inte respekterar eller tar svenskarna i beaktande. Vi vill att Det fria Sverige skall vara välkänt och dem man vänder sig till när de styrande sviker eller uppenbarligen arbetar mot svenskarnas intressen. Vår förhoppning är att människor med olika expertis kommer att engagera sig och utifrån den kunskapsbanken kommer föreningen kunna ställa hjälp till förfogande för främst medlemmar, men också svenskar i gemen som åsidosätts.

Självfallet kommer föreningen att på olika sätt försöka nå ut till svenskar för att informera om våra frågor samt kunna ge vår sida av saken rörande aktuella händelser, och då både på lokal, regional samt nationell nivå. Därtill kommer vi att – med de resurser som finns och genom medlemmarnas goda vilja – leva vår sociala idé också i praktiken.

Hur förbereder vi oss för framtiden?

Det fria Sverige etablerar sig sakta i svenskarnas medvetanden och hjärtan och vår idé för framtiden kommer att slå rot och levas av alla dem som tar den till sig. Svenskarnas hus kommer att vara de faktiska platser som verksamheten utgår ifrån – platser som är det fria Sverige.

Från det första huset kommer detta sedan att sprida sig över landet då medlemmar från norr till söder och öst till väst själva tar ansvar för och skapar dessa utposter. Genom föreningen och medlemmarnas samlade kraft tar vi tillbaka vårt land; ett sinne i taget, en hektar åt gången.

De mötesplatser som växer fram kommer att dra till sig nya människor som till sist inser att det finns alternativ också för svenskar; de inser att de inte är ensamma och att det finns positiva och uppbyggliga sammanhang som är trygga för dem själva och deras familjer. För varje ny medlem växer så kraften hos det fria Sverige. När sedan samhället backar ytterligare, när polisen lägger ner ännu en station eller skolan inte längre kan lära barnen det mest grundläggande; när arbetsmarknaden krymper och de sociala skyddsnäten konsumeras av allt fler "utanförskapsområden" – då kommer medlemmarna kunna känna sig fortsatt trygga i den gemenskap av likasinnade som föreningen organiserar och finna stöd och hjälp i de nätverk som finns tillgängliga. Vi skapar således det fria Sverige nu och kommer kunna lämna över det fria Sverige till våra barn. Och en dag i framtiden kommer den grund vi lägger nu, den gemenskap vi bygger upp och de faktiska resurserna som ackumuleras över tid vara den språngbräda som behövs när tiden är mogen för det fria Sverige att återta det arv våra förfäder gav oss att vårda.

Våra ledord

En sammanslutning, i det här fallet föreningen Det fria Sverige, är exkluderande till sin natur. Även om vi bjuder in alla att bli en del av vår verksamhet och på olika sätt hjälpa till så finns det vissa grundläggande saker alla måste vara överens om. Självfallet är ett måste att man respekterar föreningens stadgar; därtill är det på sin plats att man i allt väsentligt håller med om vårt resonemang, våra mål och delmål. Grundläggande är dock att man helt och fullt sympatiserar med föreningens fyra ledord – folk, familj, nation och tradition.

- Det fria Sverige anser att det svenska folket är ett unikt folk med ett existensberättigande i sig självt. Vi ser folket som en utvidgning av familjen och släkten och vi förhåller oss rent känslomässigt till folket på det sättet. Utanför det svenska folket finns naturligtvis också de nordiska brödrafolken och de europeiska folken (samt Europas ättlingar i vad som kallas västerlandet) såväl som oss etniskt närstående i Ryssland, Sydafrika och på andra platser. Vi håller våra egna närmast men det innebär inte att vi känner fiendskap mot andra, snarare tvärtom. Ett folk som står starkt, med en gemensam historia och identitet, som vet varifrån de kommer och vartåt de är på väg – det folket har det självförtroende som behövs för att vara ödmjuka inför andra och som inte kräver mer själva än det de är beredda att tillåta andra att ha. Det fria Sverige säger: *Svenskarna först!*

- Familjen är den grundläggande beståndsdelen av folket. Från familjen kommer inte bara de nya svenskarna utan det är också i familjen som dessa nya svenskar får sin fostran och förbereds för att bli en del av det folk de är födda in i. Det är inte en slump att man föds till svensk – vi hör sådant sägas – och inte heller är det tur. Man föds till svensk för att man har svenska föräldrar, vilka i sin tur hade det, eller hade assimilerat sig så väl i landet att de själva och/eller deras barn accepterades som svenskar av svenskarna. Man kan också födas som svensk, fast i ett annat land, om ens föräldrar befinner sig utomlands, men likafullt är man svensk eftersom det handlar om blodsband. Kanske kommer man själv, om man blir kvar i det nya landet accepteras som en av dem, kanske inte. Det fria Sverige ser i familjen den absolut viktigaste resursen för folket och landet och menar att det är i de stora familjerna som framtiden ligger. Dessa skall därför värnas och vaktas. Allt som undergräver respekten för familjen och barnen måste vi därför resa värn emot. Det fria Sverige säger: *Familjen skall beskyddas!*

- Nationen är å ena sidan en omskrivning för folket som sådant, men det är också det avgränsade territorium som folket lever i. I den svenska nationen – i landet Sverige – förenas människorna av ett gemensamt språk, etnicitet, härstamning, historia, kultur och traditioner. Sverige är Sverige tack vare svenskarna som bor här. Skulle svenskarna försvinna skulle Sverige försvinna, även om den staten skulle kalla sig för Sverige. Det fria Sverige värderar nationalstaten Sverige i definitionen av nationalstat varande: En geografiskt avgränsad stat vars befolkning i stort sett har samma härstamning, språk och kultur. Vi anser att Sverige är svenskarnas land och att Sverige, för att kunna fortsätta vara Sverige, måste vakta sig mot såväl massinvandring som annan främmande påverkan. Det finns en gräns för när kulturutbyte går från att berika till att tränga undan och i grunden förändra genom att dominera. Det fria Sverige säger: *Försvara Sverige!*

- Traditionen är det kulturella och sociala arv som lämnas vidare från en generation till nästa. Bland annat hör invanda seder och bruk, olika synsätt, språk och värderingar till det som överlämnas. Traditioner betecknar även vardagliga normer och gamla sedvänjor som återupprepas i samhället. Dessa värderingar förs vidare genom släktleden och samhällsskikten. Traditioner har en tendens att med tiden sakta förändras, om traditionen i sig spelat ut sin roll eller visat sig inte vara till gagn för folket. Förutom det uppenbara kan det i traditionen också gömma sig ett försvar mot sådant som är negativt eller farligt för folket, familjen och nationen. Traditionell moral, till exempel, handlar om att bygga värn mot sådant som bryter ned familjeband och relationer som i sin tur får djupgående negativa konsekvenser för samhället. Det handlar inte om inskränkt moralism. Det fria Sverige menar inte att traditioner skall bevaras bara för att de är traditioner; vi menar däremot att man gör bäst i att låta denna förändring ske naturligt och inte, som i dag, påtvingad uppifrån av krafter som har en politisk agenda. Det fria Sverige säger: *Traditionen finns som ett skydd för oss, respektera den!*

Vår symbolik förpliktigar

Symboler är viktiga. Ordlöst förmedlar de vår historia; de binder samman folket med dem som gått före såväl som med de generationer som kommer efter; de väcker känslor till liv och ger oss ett sammanhang. Somliga uråldriga symboler finns inpräntade i oss, medan andra fylls med betydelse genom de sammanhang de brukats. Här följer de symboler som föreningen Det fria Sverige använder och vad de betyder för oss.

Den svenska flaggan
Den främsta symbolen för det fria Sverige är självklart den svenska flaggan, en av världens äldsta flaggor och ursprungligen en motståndsflagga (mot dansken). De första riktiga beläggen för den svenska flaggan är från 1500-talet och i ett kungligt brev daterat den 19 april 1562 (re-

gent då var Gustav Vasas son Erik XIV) förklaras flaggan skall ha: "gult udi korssvijs fördeelt påå blott". Redan innan vi har belägg för hur flaggan utformats så som det skrivs i det kungliga brevet, vet vi att färgerna gult och blått, länge använts. Detta till exempel i vapnet tre kronor, som går ända tillbaks till Magnus Ladulås på 1200-talet. Formen på flaggan härstammar från de medeltida korsbanér som användes i och med det tredje korståget och förskjutningen av korsarmarna mot flaggstången, återfinns hos alla nordiska länder. Den 1 juli 1906 trädde så flagglagen i kraft, som definierade den flagga vi använder i dag. Föreningen Det fria Sverige ser det som självklart att den svenska flaggan är vår främsta symbol – den är tecknet för Sverige och svenskarna genom historien och skall användas med det allvar som den förtjänar.

Vårdkasen
Svenska flaggan är dock en samlande symbol för hela Sverige, för alla svenskar och i synnerhet för svenska nationalister. Föreningen har därför tagit till sig en symbolik som är vår egen och som förmedlar föreningens uppdrag. Denna symbol är vårdkasen. Ursprungligen är vårdkasen en del av ett signalsystem som användes för att varna

befolkningen om att fara hotade, eller för att mobilisera det militära försvaret. Vårdkasekedjor finns det lämningar av lite varstans i Sverige, bland annat vid inloppen till Stockholm och både i Upplandslagen och Eddan finns vårdkasar omnämnda.

Eftersom kasarna var en viktig första varning utdelades stränga straff för att inte vårda dem, att tända dem utan anledning eller att inte tända dem när det var påkallat. Oftast bemannades vårdkasekedjan bara i orostid, men de stod alltid färdiga att användas. 1854 användes vårdkasekedjan för sista gången i Sverige, då kasvakten uppmärksammades på en flottstyrka utanför Vinga (detta var under Krimkriget). Det tog 24 timmar för kasekedjan att gå från Vinga, genom hela Götaland och Svealand upp till Stockholm.

För Det fria Sverige är vårdkasen en symbol som säger allt. Vi tänder vårdkasen eftersom fara hotar Sverige och svenskarna, och det är vår avsikt att tända vårdkasar över hela vårt land för att så många som möjligt skall uppmärksammas på det som händer. Därtill erbjuder vi alla som hörsammar varningen att sammanstråla med oss och rusta sig för att försvara familjen, folket och fosterjorden. Vårdkasen används av oss dels som en del av föreningens vapensköld, men också stående för sig själv. Båda har dock samma betydelse och påminner oss om vårt uppdrag.

Vasakärven

Ytterligare en symbol som Det fria Sverige gärna använder sig av (och som du bland annat finner på kläder som föreningen tillhandahåller) är vasakärven. Vasen är starkast förknippad med den svenska riksbyggaren, Gustav Eriksson Vasa i vars vapensköld en sådan återfanns i form av en sädeskärve. Ordet "vase" härleds från fornsvenskans "vasi". Det fria Sverige använder vasakärven för att hedra Gustav Vasa och som en symbol för den svenska fosterjorden. Ibland används vasakärven tillsammans med en röd färg (blått, gult och rött) och detta är de färger som Vasa använde, men det är också den färgkombination som Nysvenska rörelsen (grundad av Per Engdahl och ledd av honom fram tills hans död) använde. Det fria Sverige anser sig inte vara avläggare av denna rörelse, men vi känner ett släktskap med den.

Det svenska lejonet

En annan symbol som frekvent används är lejonet, antingen med helkropp eller bara huvudet. För oss förknippas lejonet främst med med Gustav Adolf den store (Gustav II Adolf). Detta lejon omtalades i Paracelsus medeltida profetia om det gula lejonet från Norden som med sin lilla hop av rättfärdiga skulle nedslå ondskans herradöme, befria Europa från andligt förtryck och skapa endräkt. En vistext från det 30-åriga kriget, antagligen skriven efter Gustav Adolf den stores seger över Johann Tilly (som var överbefälhavare för den Katolska ligan) i slaget vid Breitenfeld 1631, lyder:

> Ich bin der Löw von Mitternacht,
> Mit dir wil ich frish fechten,
> Ich Streite ja durch Gottes Krafft,
> Gott helfe dem Gerechten.

Men låt oss skriva om visan med: "Wir sind die Löwen von Mitternacht!" och klargöra att vi än en gång gärna fäktar för vårt land och vårt folk!

Annan symbolik

Föreningen Det fria Sverige förknippas också gärna med andra svenska symboler. Vi använder runorna, ulven som finns på vår vapensköld (Odens två vargar var Gere och Freke) och mönster som tillhör vår förkristna historia. Tors hammare, solkors och kristna kors uppskattar vi också. Vi omfamnar Sveriges mustiga historia, bland annat genom att använda vårt folks symboler och färger.

Verksamhet och fundament

Det fria Sverige är å ena sidan en intresseförening för svenskar och arbetar på olika sätt för att driva opinion i frågor som berör oss som folk, å andra sidan har vi långt högre satta mål än så och siktet är inställt på framtiden. För oss som grundade föreningen handlar det om ett livslångt engagemang som också skall lämnas över till nästkommande generationer. Vi kanske inte kan överlämna ett bättre Sverige, men vi kan överlämna bättre förutsättningar än vad vi själva fick. Därtill kan vi, i detta nu och om vi vill och är beredda att arbeta hårt, skapa platser som är fria – där det fria Sverige faktiskt lever och frodas. För att läsaren – den blivande medlemmen – skall få en bättre översikt över hur föreningen arbetar och därmed enklare finna ett sammanhang man själv kanske vill fördjupa sitt medlemskap i, vill vi här ge en översiktsbild över vår fundamentala verksamhet. Vi menar att var och en kan finna sin plats i Det fria Sverige och vara delaktig utefter sin förmåga. Ingen kan göra allt, men alla kan göra något!

Svenskarnas hus
Svenskarnas hus är föreningens mittpunkt, det är från dem all annan verksamhet utgår. Grundidén med Svenskarnas hus är erkännandet av att vi behöver platser som är våra i samhället. Det räcker inte med mötesplatser på internet, inte heller med konferenser och/eller offentliga sammankomster med ojämna mellanrum. Vi behöver platser som är våra; som ägs av oss och där vi bestämmer husreglerna. Det fria Sverige är en nygrundad förening när detta skrivs och den grundas med det uttryckliga första målet att samla in tillräckliga ekonomiska medel att kunna köpa en lämplig fastighet på en lämplig plats. Denna fastighet skall tjäna som huvudkvarter för föreningen; som mötesplats för de veckomöten föreningen håller; som utgångspunkt för föreningens sociala verksamhet och så mycket mer.

Men vi nöjer oss inte med en fastighet. Allt eftersom att föreningen etableras och vinner stöd och förtroende kommer vi att utveckla detta på platser runt om i landet där vi har aktiva medlemmar som vill och kan driva egna hus eller andra fastigheter. När det första huset är i drift kommer detta att vara en milstolpe, inte bara för Det fria Sverige utan för den svenska nationella strävan som helhet. Snart nog kommer vi ha Svenskarnas hus lite varstans, vilka alla kommer att tjäna som nav för verksamheten i deras upptagningsområden.

Visionen om dessa hus är att de skall tjäna som en härd, en eld att samlas kring, en trygg plats för vårt folk. Svenskarnas hus ska vara öppna mötesplatser där å ena sidan föreningens medlemmar kan mötas och bygga sina nätverk, delta på intressanta och matnyttiga föreläsningar, uppleva sin egen kultur, med mera; men också platser där allmänheten är välkommen att besöka och själva ta reda på vad svensk nationalism handlar om, på riktigt. Vi har inget att dölja, snarare är vi stolta och glada över vårt engagemang.

Som läsaren förstår är möjligheterna med ett Svenskarnas hus stora och ju fler fastigheter och mark vi får tillgång till, desto fler möjligheter för framtiden. Det går inte att nog understryka vikten av våra egna platser, med tanke på den framtid vi går mot – platser vi äger och kontrollerar – som inte lättvindigt kan tas ifrån oss.

Dessa kommer att vara till gagn i dag, men kanske livsnödvändiga om 50 eller 100 år. Ja, det är vårt perspektiv – ett generationsperspektiv. När vi bygger Svenskarnas hus bygger vi inte bara för oss själva här och nu, vi bygger också för våra barn och barnbarn. Det är dags att vi tar det långsiktiga ansvaret och inte stirrar oss blinda på just nu och här.

Den sociala idén i praktiken
Vår sociala idé handlar i grund och botten om att varje svensk ska ha en grundläggande trygghet i Sverige. Vi är för individens frihet – långt mycket mer än vad man i dag erbjuder – och rätten att bestämma över sig själv, sin familj och sina surt förvärvade pengar. Vi tror på att uppmuntra människor att lära sig fäkta själva, ta ansvar och stå på egna ben. Vi håller den fria människan – odalbonden – den självägande individen högt, ja, som en ryggrad för samhället. Men det betyder inte att vi vill se någon hamna efter eller lämnas bakom. Det skall finnas en grundläggande trygghet som vi alla kan räkna med. Det kan vi inte i dag, då grupp ställs mot grupp och svenskarna alltid förlorar. Det säger sig självt att välfärdsstaten inte kan hålla samman när tusentals och åter tusentals utlänningar kräver att få ta del av den,

utan att någonsin ha betalt in till den. Så staten tar från dem som inte har någon röst, de sjuka och redan utsatta. Sedan barnen och de unga. Därefter börjar man nagga vita, köttätande och bilåkande heterosexuella män i kanten (det är ju ändå en grupp man känner att man kuvat) och så fortsätter det. Resultaten kan bara den som är blind förneka.

Det fria Sverige förnekar dem inte och är beredda att – utifrån de resurser vi har – ställa upp för dem som stat och kommun överger. Med utgångspunkt från Svenskarnas hus vill vi vara en positiv kraft i det område vi befinner oss, men också på andra ställen där vi ännu inte etablerat oss men har medlemmar eller kontaktpersoner. Och även om vi inte kan hjälpa till rent praktiskt har vi för avsikt att på alla andra sätt uppmärksamma och försöka påverka till det bättre. Genom vår organisation skall enskilda kunna få råd och praktisk hjälp att själva kunna ställa sig på barrikaderna. Varje folks befrielse måste vara deras egen, sa Olof Palme och på samma sätt måste varje individ och familj själva ta det första steget. När det är gjort finns en gemenskap för dem hos Det fria Sverige. Vad vi i detalj menar med att praktisera den sociala idén kommer att variera från ort till ort. Delvis beror det på behoven, men också på våra möjligheter. Ett är dock säkert, Svenskarnas hus – den sociala mötesplatsen – kommer inte stänga dörren för svenskar som blivit svikna av de politiker vars egentliga uppdrag är att skydda och värna dem. Ibland kanske det kommer att räcka med ett öra som lyssnar eller en bred axel att luta sig mot; andra gånger kanske det är mer praktiska göromål som behövs. Det viktiga är att vi finns tillgängliga och att vi alltid håller optimismens klara låga lysande. Vi vill att Det fria Sverige skall vara starkt, stå stadigt och ha en gedigen ekonomisk grund – för det betyder att vi kommer att kunna fylla tomrummen när systemet sviker. Också detta är något som kommer ta tid att bygga upp, det är vi medvetna om. Men vi kommer med åren att göra det. För saken är ju den att om inte vi, vilka kommer då att göra det?

Att driva opinion
Vi inser att många människor aldrig kommer att helt ta bort skygglapparna och acceptera det ansvar som kommer med det. Vi inser att en hel del svenskar på riktigt tror att mångkultur och massinvandring är en bra idé. Vi inser att många svenskar investerat så mycket i samhällsexperimentet att ett erkännande av dess misslyckande

kostar för mycket av självrespekt varför det är enklare att låtsas som att det hela går precis som det är tänkt. Det fria Sverige är inte ute efter att "rädda" alla och sanningen är den att somliga är bortom "räddning", förlorade i det samhälle och den diskurs som råder. Men med det sagt menar vi inte att opinions- och informationsarbete är bortkastad tid eller slöseri med resurser. Tvärtom. Samtidigt som många inte ser, inte vill se eller förnekar den rådande situationen finns det många som gör det eller börjar att göra det. Dessa måste erbjudas ett konstruktivt och meningsfullt utlopp för konsekvenserna av insikten om problemen. Detta är en del av syftet med vårt opinionsarbete, att påvisa att det finns en konstruktiv och positiv väg framåt. Framförallt sker detta genom en kontinuerlig och slagkraftig närvaro på internet och de olika sociala plattformar som finns där.

Det fria Sverige skall kommentera, kritisera och uppmärksamma varje givet tillfälle där svenskarna som folkgrupp åsidosätts; föreningen skall stå upp för och påvisa att den nationella idén och traditionella uppfattningen är vida överlägsen den moderna diskursen (om den så är liberal eller socialistisk). När regeringen presenterar en ny budget skall vi genomlysa den utifrån svenskarnas perspektiv; när myndighetschefer ger direktiv skall vi analysera hur detta påverkar oss som folk och när gammelmedierna sitter på ljugarbänken skall vi avslöja och ifrågasätta dem. Genom videoklipp, direktsänd nätradio, poddar och med såväl korta slagkraftiga kommentarer som längre analyserande texter är Det fria Sverige den självklara källan för svensk nationalism.

Viktigt är också att vi ingjuter hopp. Många människor känner att situationen är hopplös och de kan känna sig ensamma med den nationella tanke de bär inom sig. Att visa, genom olika enkla sätt, att vi är många fler än man tror om man bara läser gammelmedierna – att vi finns överallt – är nog så viktigt. Ett DFS-klistermärke vid den lokala butiken; en medmänniska på bussen som bär ett rockslagsmärke med vår symbol; ett kampanjflygblad i brevlådan eller ett samtal med en medmänniska ... sådana enkla saker kan visa sig vara avgörande. Men att tända hoppets gnista gör vi framförallt genom att visa med föreningen vad vi vill, i praktiken, och hur det skulle kunna vara i förlängningen. Föreningen Det fria Sverige skall vara vårt framtida Sverige i miniatyr och vi skall förmedla visionen om denna genom att leva den.

Folkbildning

Folkbildning är lika svenskt som en skål med jordgubbar på midsommar och har en lång tradition i vårt land. Folkbildningen kom till som ett sätt att erbjuda vanligt folk med begränsade resurser att få ta del av utbildning och kunskap som gjorde deras liv bättre. Folkbildningen är fri och frivillig – alltså fri från statlig styrning och frivillig för deltagarna. För Det fria Sverige handlar folkbildningen om två saker och det beroende på vilka resurser vi har.

Å ena sidan erbjuder vi, genom Svenskarnas hus en möjlighet för var och en att besöka och samtala om våra frågor med representanter som kan ge svar. Vår förhoppning är också att varje hus skall ha ett bibliotek med böcker som annars är svårtillgängliga. I Svenskarnas hus hålls också, på veckobasis, föreläsningar, tal och föredrag som vrider och vänder på aktuella frågor eller som ger en fördjupad kunskap om olika ämnen knutna till föreningens verksamhet. Där det inte finns ett Svenskarnas hus, men medlemmar som är drivna, kommer föreningen hjälpa till att genomföra samma sorts möten med tillresta föredragshållare i tillfälliga lokaler.

Den andra sidan av föreningens folkbildande arbete handlar om att, utifrån Svenskarnas hus eller lokala resurser på orten, kunna erbjuda hjälp till barn och ungdomar som prioriterats bort av kommunen (oavsett om det är av ideologiska skäl eller på grund av bristande resurser). Exakt vad detta innebär kommer variera från plats till plats; men grundläggande läxhjälp bör till exempel kunna stå på schemat.

Föreningen driver också ett förlag med uppdraget att dels återpublicera böcker och skrifter som är intressanta utifrån ett svenskt perspektiv, samt nyskrivet material i linje med föreningens verksamhet.

Din plats?

Vi är övertygade om att var och en av föreningens medlemmer och sympatisörer kan finna sin naturliga plats och bidra genom sina kunskaper. Det fria Sverige är en ideell förening som är vad den är tack vare medlemmarnas engagemang över tid. Och vi måste låta det ta tid. Rom byggdes inte på en dag brukar man säga, detsamma är sant för Det fria Sverige. Det fria Sverige byggs på dag efter dag genom de karaktärsdrag som en gång formade vårt land: flit, uthållighet, omtänksamhet och målmedvetenhet.

Medlemmen

När du nu kommit så här långt i denna skrift är sannolikheten stor att du överväger att bli medlem i Det fria Sverige.
Du är varmt välkommen.
Men låt oss bara, för sakens skull, berätta lite om vad Det fria Sverige söker hos sina medlemmar. Det sista vi vill är att du gör ett förhastat beslut som du sedan ångrar.

En rekorderlig och hygglig person
Det vill vi att du ska vara om du ska bli en del av vår gemenskap. Du kommer till oss med gott uppsåt och vi kommer att välkomna dig på de premisserna. Det fria Sverige vill genom föreningens verksamhet visa hur Sverige skulle kunna se ut och vad den nationella tanken och vår sociala idé betyder när den levs.

Vad tar du med dig?
Det första du bör fråga dig är vad du tar med dig till den gemenskap som föreningen är? Din grundinställning måste nämligen vara att du inte går med för att få, utan för att vara delaktig. Förvisso tjänar man på att vara medlem; tillgången till Svenskarnas hus, gemenskapen och nätverket, tryggheten och framförallt vetskapen om att man faktiskt gör något konstruktivt för sin familj, sina barn och/eller landet och folket. Men icke förty är grunden – ska grunden – vara att man vill ge och därmed hjälpa till att fördela bördorna på fler axlar.

Det långa perspektivet
Vi har gjort vår analys och vårt perspektiv är det långa. Vi tänker inte bara ett år framåt, vi tänker 100 år framåt. Det vi gör nu ser vi som att vi lägger en grund för våra egna barn och för framtida generationer. Och i dem skall vi ingjuta förståelsen för att det de gör när de tar över, är att fortsätta bygga på denna grund för generationen efter dem.

Svensken har i gemen varit alltför kortsiktig under 1900-talet (speciellt den senare delen) och det är därför vi befinner oss där vi gör. Som medlem i Det fria Sverige inser man att det vi är inbegripna i är ett samhällsbygge vars slut vi inte själva kan se och än mindre kommer att få uppleva.

Det korta perspektivet

Du vill och tänker vara delaktig på de sätt du kan. Det fria Sverige ställer bara de mest grundläggande kraven på medlemmarna (att man är överens med stadgarna samt de visioner som läggs fram i denna skrift) enligt grundidén att ingen kan göra allt, men att alla kan göra något. Vi hoppas dock att du inventerar dig själv och dina resurser, att du tar ett medvetet beslut och vinnlägger dig om att göra det bästa du kan, vare sig mer eller mindre. För medan vi lägger grunden för framtiden har vi alla möjligheter att redan här och nu göra stor skillnad. Att få vara delaktig i detta arbete är en ynnest.

Ett glatt humör och en positiv attityd

Vi är väl medvetna om att den utförsbacke Sverige befinner sig i kan göra det svårt att hålla humöret uppe. Många känner till och med att hoppet är ute. Det gör inte vi. Faktiskt inte. Snarare ser vi de möjligheter som finns och vi vet att genom det gemensamma arbetet i föreningen och vad detta leder till såväl på kort som lång sikt kommer göra sinnet lättare hos alla som engagerar sig. Det betyder inte att det alltid är en dans på rosor, men i gemenskapen och den gemensamma strävan finns glädje. Om du ska engagera dig hos oss vill vi att du gör det med inställningen att vara delaktig i detta gemensamma bygge, inte för att du skall finna ett sammanhang där du kan klaga över tingens ordning och dela med dig av din hopplöshet. Vi kastar oss in i arbetet för Det fria Sverige med liv och lust. Möter vi vedermödor gör vi det tillsammans och med ett leende på läpparna.

Vad väntar du på?
Det fria Sverige är för dig; ung som gammal; man som kvinna; gift eller ensamstående; höger eller vänster; kristen, hedning, vet inte eller tror inte alls. Om familj, folk, nation och tradition ligger dig varmt om hjärtat; om du vill vara med och bygga för framtiden; om du vill vara med och lägga grunden för Svenskarnas hus ... ja, då är Det fria Sverige något för dig.

Vad är nationalism?

Vad är nationalism? Enligt Nationalencyklopedin definieras nationalism så här: "Tankesystem som utgår från att det finns en speciell grupp, nationen, med vissa karakteristika, att de med nationen förknippade värdena och intressena är viktigare än andra kollektiva värden och intressen och att förverkligandet av nationens intressen förutsätter största möjliga politiska oberoende."

Vilken är då denna speciella grupp och hur har den kommit till? Ordet vi måste definiera är "nation" och återigen vänder vi oss till Nationalencyklopedin: "nation, (latin natio 'börd', 'härstamning', 'folk(stam)', 'släkte', av nascor 'födas')". Alltså handlar grunden för nationen (och därmed nationalismen) om hereditet. Den ursprungliga nationalismen förstods utifrån etnicitet och det var först under 1800-talet som nationalitetsbegreppet som vi känner det kom att formas. Man talar om att två skolor för hur "nationen" skulle förstås växte fram. De två skolorna skiljer sig från varandra genom att den ena menar att nationen definieras av medborgarna i staten (något exempelvis jakobinerna omfamnade) utan någon hänsyn till medborgarnas ursprung, medan den andra betonar den gemensamma historien, kulturen och därmed folkets ursprung som grundfundament för nationen. Det fria Sverige identifierar sig med den sistnämnda. För oss är nationen tätt sammankopplad med folket som befolkar området som är landet. Förvisso erkänner vi att exempelvis norrmän, danskar och andra germanska folk är oss lika och närstående, men vi erkänner också dessa folks rätt till egna land. Nationalismen handlar således om folket ur ett etniskt perspektiv, men också om landet som folket bor i.

Vad gäller den territoriella aspekten anser föreningen Det fria Sverige att Sverige av i dag och de gränser vi har är de som gäller. Vi gör inga anspråk på landområden som historiskt tillhört oss. Vi har heller inga ambitioner att Sverige i framtiden skall vara något annat utan anser snarare att starka och fria nationalstater som samarbetar på lika villkor är den bästa utgångspunkten.

Därför säger vi nej till den federalistiska strävan inom EU men ja till ett enat Europa av fria nationer. Mer om vår syn på nationen Sverige och svenskarna finner du i kapitlet Om Sverige och svenskarna.

Då återstår att definiera vad föreningen Det fria Sverige menar när vi kallar oss för nationella; att vi är nationellt sinnade? Vi hävdar rätten att själva definiera oss och vad vi står för och därtill erkänner vi inte vad andra vill tillskriva oss. Man kan tycka vad man vill om Det fria Sverige men vi har tolkningsföreträdet vad gäller oss själva, våra idéer, våra mål och vår verksamhet.

Vi talar om oss själva som nationalister men framförallt som nationella eller nationellt sinnade. Egentligen finns det ingen skillnad mellan de två begreppen. Att det likväl utvecklats så beror på att vi som lägger en etnisk aspekt i nationalismen vill skilja oss från stats- och/eller kulturnationalister för vilka nationstillhörigheten endast handlar om medborgarskap. Låt oss därför försöka att mer grundläggande beskriva vad det innebär att vara nationellt sinnad. Texten nedan är ursprungligen författad av den svenska nationalisten Carl Ernfrid Carlberg år 1958 och återges här i varsamt reviderad version för att återspegla föreningen Det fria Sveriges uppfattning.

Att vara nationellt sinnad innebär att vilja sitt eget folks sunda fysiska fortlevnad och harmoniska andliga växt, det är att vara trogen mot sig själv, sitt folk och dess fäderneärvda odling, det är att hävda sin rätt att få leva och verka för kulturen och utvecklingen i samklang med Skapelsens anda – den naturliga ordningen – och med sitt på nationell grund framvuxna naturliga väsen.

Det innebär att av självbevarelsevilja motsätta sig en samhälls- och världsutveckling med nationell självuppgivelse, grå nivellering och kaos mellan folken som mål, det är att inte vilja pressas in i en kosmopolitisk smältdegelprocess, som undanröjer möjligheterna till nationellt särpräglad kultursträvan.

Det innebär att avböja likhetsdogmen – den mot livets lagar stridande, och i grunden falska läran om alla människors likhet och lika värde (inte lika i värdighet, vilket är en filosofisk inställning väl värd att omfamna). Det är att erkänna naturens ändamålsenliga artrikedom, ärftlighetslagarna och lagen om allas olikhet, det är att betrakta de enskilda människorna såväl som familjerna, samhällena och folken såsom organiska enheter, beroende av arv och miljö, såsom levande uttryck för formgivande krafter, olika till väsen och uppgifter.

Det innebär att inte vilja tvinga alla människor och alla folk att spela en och samma melodi på samma slags pipa, utan låta varje individ, varje folk, varje nation få utveckla och fullkomna sitt särartade instrument och sin förmåga att bruka det, så att mänsklighetens stora orkester blir allt fulltonigare och skönare, och framför allt innebär det att i fosterjorden se sin egen och sitt folks naturliga klangbotten vid instämmandet i denna världssymfoni, en omistlig mark, som ingen utomstående äger rätt att kränka.

Att vara nationellt sinnad innebär att vi betraktar ett gott och starkt folk som landets värdefullaste naturtillgång och att vi verkar för att detta folk fortsätter att vara starkt och gott också framgent, det är att vilja skapa ett betryggande folkvärn mot skadliga främmande inflytelser, framför allt mot moralisk och andlig nedbrytande folk- och kulturbeblandelse.

Det innebär att hos alla medborgare vilja inplanta en hållbar nationell grundåskådning, som bygger på artegna ideal, på livsduglig tro och moral, det är att vilja lära det uppväxande släktet och hela folket självdisciplinens A och O – "hyfsning, hållning och hut" – med hjälp såväl av kärlekens evangelium som av de heidenstamska visdomsorden: "Det skall fostras hårt, som skall växa till makt."

Det innebär att vilja väcka ungdomens intresse för god nationell kultur- och samhällsanda, för en människotyp, som sätter personlig duglighet, trofast heder och offervillig fosterlandskärlek före personlig bekvämlighet, standardhöjning och socialhjälp, det innebär att förkunna arbetets ära, glädje och ansvar.

Det innebär att vilja främja en fri, sann och orädd nationell opinionsbildning, det är att vilja bekämpa lögner och antisvensk propaganda i press, radio, TV och film, det är att inte låta profitintresset och notoriska folkförvillare få behärska kulturlivet och åsiktsbildningen, förfalska historiska fakta, urholka hävdvunna heders- och rättsbegrepp, undertrycka nödvändig skol- och samhällsdisciplin, nedvärdera naturlig nationell hållning och livssyn.

Att vara nationellt sinnad innebär att helhjärtat och troget vårda arvet från fäderna, att vörda och hedra nationens ärofulla minnen, dess ledande historiska gestalter, dess stora fosterländska personligheter, dess ljusa kulturskapande genier på skilda områden, det innebär att städse ha rikets väl och von Döbelns manliga och stolta valspråk, Ära–Skyldighet–Vilja, för ögonen, och det innebär att – om så skulle krävas – vara beredd att med liv och blod försvara folk och fädernesland mot främmande inkräktare.

Det handlar, kort sagt, om det rakt motsatta som vi översvämmas med från etablissemang, media och samhälle i dag.

Sverige och svenskarna

Sverige. Namnet på vårt land väcker känslor som är svåra att beskriva. Namnet plockar fram minnen och skapar bilder i sinnet. Sverige, på samma gång en mustig historia såväl som en fräschör och känslan av taktfasta steg in i framtiden.

När man talar om svenskhet visas det med all tydlighet att det är svårt för oss svenskar att definiera denna på ett genomgripande och enkelt sätt.

Även vi nationella, som kanske borde ha svaret lätt till hands, kan känna att det svårligen låter sig göras. Man haltar lätt på orden och sådant som "midsommar" och "sill och nubbe" blir det slutgiltiga svaret. Med detta "svaret" i bagaget förklarar sedan frågeställaren – som gärna själv tar avstånd från det svenska – att svenskhet egentligen bara handlar om någon gammal traditionsenlig fest med tillhörande matbit och spritdryck. Men är det så? Är svenskhet bara det?

Naturligtvis inte och problemet är egentligen inte svaren som ges, utan att frågan ens ställs. Varför skall vi svenskar tvingas definiera något så fundamentalt som svenskheten? Lika lite som man kan få någon att konkretisera "kärlek" eller "hat" kan man konkretisera "svenskhet". Svenskhet och svensk kultur är som många abstrakta företeelser; lätta att begripa och känna men svåra att förklara. För oss svenskar finns den där. Du och jag vet båda vad det är, vi känner det inom oss.

Detta är inget empiriskt bevis per se, men det har alltid räckt för oss som folk. "Warer swenske" sägs riksbyggaren Gustav Eriksson (Vasa) ha myntat och med "Varen svenske" avslutade socialdemokraten Per-Albin Hansson många av sina tal. Även Carl Jonas Love Almqvist konstaterade att svenskheten bestod i att vara svensk snarare än att ropa på att man är det. För dem var svenskheten inte något bekymmer i det att den hela tiden skulle förklaras och definieras. Inte heller avkrävdes de förklaringar eftersom ingen då hade fräckheten att angripa något så självklart. Vår historiska vördnad för nationen och beredvilligheten att gå i krig för konung och fosterland har varit känslobaserade. Enligt vissa må detta vara en "romantiserad" bild men vi dristar oss att hävda att den nationella känslan varit djupt rotad hos folket genom historiens gång och att denna instinktiva känsla för "svenskhet" fått oss att reagera mot sådant som hotat oss.

Våra förfäder fick aldrig frågan av näsvisa och självupptagna godhetssignalerare om "svenskhet" och hade de fått en sådan hade väl reaktionen snarare varit motfrågan: "Vad felas dig, begriper du icke det?" Ett bra svar även i dessa dagar. Frågan ställs nämligen för att underminera känslan, för att förlöjliga den. Eller kanske ska man ifrågasätta vinden eftersom man inte ser den, utan bara känner den mot sin kropp eller ser dess inverkan på trädens löv? Vi känner svenskheten instinktivt inom oss och ser dess effekt såväl historiskt som i vår samtid, inom en rad olika områden där politiken och kulturen bara är två exempel. Sanningen att säga; frågan om svenskhet säger mer om frågeställaren än om den olyckliga som tvingas svara utan att kunna sätta rätt ord på de känslor som finns inom henne. Men låt gå, vi gör ett försök till en vidare definition.

Svenskheten är en del av Sverige, vårt fosterland som innesluter allt och Sverige är en del av svenskheten. Hon är de skiftande landskapen från söder till norr, varje del unik. Hon är sädesfälten och bergsknallarna som bryter igenom den gamla åkermarken; hon är tjärnen, insjön och vattnet runt kusterna. Hon är de djupa skogarna och de tappra barrträden vid trädlinjens rand; hon är dalarna och fjällen. Hon är solskenet och regnet; hon är haglet, vinden och snön. Hon är den plats som genom vedermödor och kärlek, flit och nit har utmejslats åt oss i arv. Hon är mannen av bondestam med valkiga nävar och bondmoran vid hemmets härd. Hon är jäntungen som med lätta fötter springer över sommarängen och pojken på upptäcktsfärd. Hon är de älskande unga på höskullen och det gamla paret på verandan, med händerna sammanflätade och delade minnen. Hon är sjöbusen, köpmannen och smeden. Hon är också herremannen, poeten, författaren och ingenjören. Hon är väringen, varjagen, bärsärken, knekten, karolinen och soldaten. Men också backstugusittaren, tiggaren, rövaren och horan; hon är skarprättaren och lagmannen och länsman. Hon är goden och gydjan; prästen och biskopen; den visa gumman och gubben. Hon är hednatemplet och den vitkalkade kyrkan; gravhögen och kyrkogården. Hon är Vite Krist och den Enögde guden; vetenskapen och filosofin. Hon är det enklaste hemman och den ståtligaste boningen; hon är gården, byn och staden. Hon är fembarnsmodern och karriärkvinnan; grovarbetaren och affärsmannen. Hon är nu, hon är då och hon är i morgon. Hon är vi och vi är hon. Hon är Sverige, vårt fosterland.

Sverige är vår plats på jorden. Vi har inte fått detta land till skänks av någon Gud och inte heller kan vi läsa om vår rätt till detta land i någon religiös urkund. Detta land har våra förfäder tillkämpat sig och genom tiderna som gått tagit formen av det vi känner som Sverige i dag. Sverige är svenskarnas land. Svenskarna?

Återigen dyker den näsvise upp och frågar: "Vem är egentligen svensk?" Svaret blir återigen en subtil känsla snarare än något konkret. För nog är det så att både du och jag inom oss vet när någon är svensk? Våra definitioner må skifta en aning men i det stora hela är de flesta svenskar överens om vem som är svensk. Det har inte heller varit någon stor sak förr, att finna denna definition. För oss svenskar har det varit självklart vem som är svensk medan dagens svenskförnekande kotteri har hängt upp sig på detta och det är genomskinligt varför: Man vill ifrågasätta att det ens går att vara "svensk" eller hävda att vem som helst kan vara svensk. Men låt oss då ställa frågan, blir du afrikan bara för att du bosätter dig i Afrika? Eller japan om du flyttar till Tokyo? Nej, inte heller blir du fransman av att flytta till Frankrike. Dina barn och barnbarn kommer kanske att vara fransmän, men det kommer ta långt fler släktled innan dina efterkommande kommer att kunna sägas vara japaner eller afrikaner; så många släktled som det krävs för att utradera de yttre tecknen på deras svenskhet. För vare sig man vill eller inte handlar den nationella tillhörigheten om såväl yttre som inre kännetecken.

Försök att visualisera följande: En solig dag och midsommarstången har just rests upp mot skyn. Musiken spelar medan barnen och deras föräldrar (vissa motvilligt) dansar små grodorna. Man hör spridda skratt och prat och känner den karakteristiska doften från grillad mat komma med brisen. En bit ifrån står en klunga tonåringar. De försöker smussla med sina ölburkar men lyckas inte särskilt väl. Hela sceneriet ramas in av Siljan som ligger blank i kuliss och vid horisonten tar en klarblå himmel vid.

De flesta av oss kan vara överens om att de barn och vuxna och tonåringar vi såg för vår inre syn var svenskar. De var kanske brunetter, rödhåriga eller blonda; kanske hade någon blå ögon medan någon annan hade bruna eller gröna. Men de var klart definierade svenskar. Och inte nog med det, de var alla "vita". Olika utseendemässiga drag finns med i vår instinktiva definition av vem som är svensk. Och det är inte fel. Oavsett vad den politiskt korrekta hegemonin hävdar är det inte fel att väga in etnicitet i "att vara svensk".

I dag, i Sverige, anses man av myndigheter och ett enat politiskt korrekt etablissemang vara svensk så fort man fått ett svenskt medborgarskap i sin hand. Vilken fräckhet av ett system att tro att de genom en stämpel och en elektronisk registrering kan ta bort en människas nationella identitet och transformera om dem till något helt nytt.

En sudanes blir svensk som genom ett trollslag. Vi är nog alla överens om att det inte är så enkelt som systemet gör gällande. Häri ligger ingen värdering av människor utan ett konstaterande av olikheter som ligger till grund för en verklig identifiering av tillhörighet till ett folk och därmed en nation. Att vara svensk är inget som myndigheter kan besluta om, inte heller är det upp till den enskilde att bestämma när denne "känner" sig svensk.

Det är svenskarna som avgör när någon är svensk genom att acceptera kandidaten ibland sig. För att bli accepterad som "en av oss" räcker det inte med att kunna tala språket eller ta sig ett svenskt namn, inte heller att känna till eller uppskatta våra seder och bruk – nej, inte ens att till viss del dela vår karaktär. Allt detta spelar in, men det handlar också om etnicitet. Därför kommer en andra generationens tysk, holländare eller italienare att accepteras som svensk i nio fall av tio emedan en tredje generationens sudanes fortfarande inte gör det.

Mångkulturalisternas enda hopp står till att de etniska svenskarna blir i minoritet eller åtminstone inte utgör en för stor majoritet i ett framtida Sverige med massiv närvaro av etniska främlingar. Då kommer sudanesen lätt att accepteras som "svensk", men då kommer inget svenskt heller längre att finnas. Är det ett pris värt att betala för att göra "svenskheten" till var mans egendom?

Ett eko från förr

Det fria Sverige står inte på helt nybyggd grund. Föreningens grundare har inspirerats av Sverige från förr. Den frihetliga grunden kommer från den svenska odalbonden till exempel. Vi har också inspirerats av personer och föreningar som tidigare i vår historia tänt vårdkasarna.

Vi har redan nämnt Per Engdahl och hans Nysvenska rörelse. En annan person är Carl Ernfrid Carlberg, officer, författare, mecenat, olympisk guldmedaljör och en av den svenska nationella renässansens viktigaste personer.

C. E. Carlberg grundade bland annat Samfundet Manhem och hans invigningstal vid öppnandet av Manhemssalen i Stockholm 1935 förklarar också den tradition i vilken föreningen Det fria Sverige ämnar verka. Av den anledningen återpublicerar vi detta anförande (hämtat från

Stiftelsen Manhems årsbok 1935 - 1936) i sin helhet här.

UNDER DET GÖTISKA TECKNET

Vad är Manhem? Göternas urbygd i Norden, urkällan för kulturskapande kraft, säger Olof Rudbeck. En opolitisk sammanslutning för svenskhetens bevarande i Sverige, en härd för nationell och folklig upplysning på vetenskapens grund med särskilt beaktande av den nordiska människans egenart, en högborg för hävdande av svensk andlig utveckling på grundvalen av urgammal götisk tanke och tradition – säga vi i Samfundet Manhem.

Vad betyder götisk? Götisk betyder nordisk och äkta svensk. Manhemstanken innesluter alltså svenskhetens idé, drömmen om ett stolt och fritt Sverige – och tillåter jag mig dagen till ära att kläda denna urgamla dröm i nygötisk, poetisk skrud:

Manhem är göternas urbygd i Norden.
Manhem är ljusets och frihetens fäste.
Manhem är hemmet för friborna män.

Manhem är sanningens hemvist i världen.
Manhem är härden för skaparkraft, heder och tro.

Manhem är namnet som åter skall nämnas.

Manhem är mödan vid plogen och harven.
Manhem är järnet som hamras och härdas.
Manhem är sågen i skogbärarland.
Manhem är filten som hemlivet helgar.
Manhem är vävstolen i vrån.

Manhem är gården där vårdlinden blommar.
Manhem är bryggan från forntid till nutid.
Manhem är arvet till kommande släkt.

Manhem är suset kring hjältarnas kummel.
Manhem är männen vid sjödrakens åror.
Manhem är bonden i Engelbrekts fylking.
Manhem är folken kring Vasarnas kärve.
Karlarnas lejon och ljusmaktens bloss.

Manhem är folket som åter skall nämnas.
Manhem är drömmen om urhemmets höghet.
Manhem är kravet på resning och rensning.
Manhem är solkorsets mening och mål.
Manhem är värnet mot mörkermännens ligor.

Manhem är muren mot Babel och Rom.

Manhem är ordet för ärofull frihet.
Manhem är ordet för trygghet och ordning.
Manhem är ordet för offer och handling.
Manhem är ordet för vilja och seger.
Manhem är ordet för ungdomens längtan,
mandomens dådkraft och åldringens bikt.

Manhem är ordet som åter skall nämnas.
Norden till ära!

Sveriges – det heligas – framtid till hägn!

"Historieromantik", säga nutida katederlära. "Göticism", "kulturskymning" - förklara litteraturkritikerna i tidskriften NU. "Historieromantik" - må så vara, men denna götiska romantik har bevisligen alltid utgjort en mäktig drivkraft i vår historiska och andliga utveckling. Den har varit en outtömlig kraftkälla för vår nation. Ur denna källa kom alltid efter tider av förfall det nationella och folkliga tillfrisknandet, och till denna källa ha vi tydligen att förlita oss även i de yttersta av dessa dagar i kampen för svenskhetens idé.

Överblicka vi vårt folks historia, finna vi bevisen för detta påstående. Efter en förfallsperiod har alltid följt en våg av återupplivad götisk tanke och tradition, och denna vågs frambrytande har alltid betytt ökad nationell och andlig aktivitet, ofta upprinnelsen till en storhetstid.

Redan på 1200-talet satte den första götiska vågen in. Man hängav sig åt studier av den götiska traditionen, framför allt lästes historikern Jordanes, som karakteriserade vårt land som folkens moderssköte och nationernas verkstad. Utgången från vårt folk och vår nation vore ju de hjältemodiga goter, som erövrade nästan hela den då kända delen av världen. Detta var det centrala i alla historiska skrifter från denna tid från Fornsvenska Legendariet till Ericus Olais lärda Rikshistoria. "Dessa heroiska minnen från en fjärran fornålder blevo nationens dyrbara historiska arv, de gåvo den fosterländska känslan dess säregna stämning och innehåll. I sin bjärta kontrast till den närvarande tidens maktlöshet och vanskligheter var denna förgångna storhet en källa till styrka och förtröstan", skriver prof. Johan Nordström, innehavare av den nyligen upprättade Gustav Adolfsprofessuren vid Uppsala universitetet. (De yvebornas ö, sid 59).

Buren på den götiska tankens vingar inbröt Birger Jarls och Magnus Ladulås tid, vår första nygötiska storhetstid. Lägg märke till att Birger Jarl införde lejonet i den svenska vapenskölden – såsom symbol för götisk hjälteanda och götisk storhet, och sonen Magnus återupptog epitetet göters konung i konungatiteln.

Engelbrekts tid föregicks av nya götiska idéströmningar. År 1434 – samma år som Engelbrekt satte igång sitt befrielseverk – talade biskop Nicolaus Ragvaldi som svenskt sändebud inför konciliet i Basel. Han utvecklade där huvuddragen av göternas historia och slutade sitt anförande med de stolta orden: "Om man tager hela denna strålande historia i betraktande, var finner man ett äldre och ädlare rike än Sverige? Väl äro göternas utländska välden nu förgångna, men i sitt hemland lever alltjämt deras frejdade stam. Vem kan därför förvägra det nordiska konungariket den främsta hedersplatsen i denna nationernas församling?"

År 1442 infördes i Konungabalken av Kristoffers landslag följande text: "Swerikes rike är av hedna världs samman kommit af swea och gotha land. Ey findz gotha nampn i flerom landom fast ståndande utom i Swia rike, for thy at af them utspriddes gotha nampn i annor land". Ett varaktigare och mera monumentalt uttryck kunde den fosterländska stoltheten över det götiska arvet icke få än dessa ord i rikets vördnadsvärdaste urkund.

Ur denna förvissning om ett stort förflutet uppstod hos vårt folk tron på den egna kraften och därmed viljan och förmågan till nya götiska krafttag. Engelbrekts nationella resning lyckades också på förbluffande kort tid.

Därefter följde åter nationellt förfall. Främmande statsmakt härskade över Sverige; väsenfrämmande idéer vunno insteg. Den store historikern och fosterlandsvännen Johannes Magnus framträder. Denne, säger Nordström, hade gjort Sveriges historia till världshistoria. "Däri låg en dristig framtidsdröm förborgad, ett skickelsedigert testamente till vasasönerna och Sveriges folk".

Historia om alla göta- och sveakonungar blir den kanoniska skriften för vasatidens historiska uppfattning. Och denna historieuppfattning spelar sedan i svenska folkets följande öden en utomordentlig roll, ja blir avgörande för ett helt tidevarvs tankar och handlingar, för uppkomsten och utvecklingen av vår egentliga storhetstid.

Under Gustaf II Adolf sätter en ny götisk våg in, den till sina verkningar största av alla. Den götiska patriotismen står här i sitt betydelsefullaste utvecklingsskede som inspirerande makt i nationens liv. Det gällde då en avgörande kamp mot den romerska kyrkans politiska och andliga makt, som hotade hela den nordiska kulturvärlden. Den götiska tanken blev det andliga vapnet i denna kamp. På följande sätt skildrar Nordström det dåtida kulturläget: "I ett tidevarv då den italienska humanismen lagt vår världsdel under en skärpt romersk kulturhegemoni, under vilken alla böjde sig i lydnad, var denna götiska historieromantik en form av nationell självhävdelse. Romers och götisk betecknade i humanismens terminologi motsättningen mellan kultur och barbari". Den svenska forskningens uppgift blev att bevisa att det götiska, det nordiska, det svenska kulturarvet icke var liktydigt med utan motsatsen till barbari; att det fanns en urgammal nordisk kultur eller m. a. o. inhemska förutsättningar för en fortsatt självständig nordisk kulturutveckling.

Denna uppgift löste våra dåtida forskare på ett glänsande sätt. Johannes Magnus började och den slutliga lösningen framlades av Bureus, Gustav Adolfs berömda lärare. Han visade med stöd av omfattande vetenskapligt material, huvudsakligen hämtat från antikens skriftställare, att det existerat urgamla kulturförbindelser mellan Sverige och Hellas, och att härvidlag hellenerna icke varit de givande utan de mottagande. "Flera av sina högsta gudomligheter fingo de från Sverige och därifrån fingo de allsköns vetande och lärdom."

Övertygelsen om att Sverige är den äldsta av världens monarkier, att vårt land är stamorten för historiens kraftfullaste krigarfolk, som under årtusenden sänt sina söner att organisera och leda andra länder och folk, är den götiska historieuppfattningens första stora idé. Till denna kult av nationens majestät, av dess styrka och dess hjältemod, fogar sig den på nya vetenskapliga kombinationer grundade, icke mindre stolta förvissning att vårt urgamla rike också gett världen civilisation – att antikens berömda kultur har sina rötter i vår forntida odlingsmark. Denna föreställning blir vår nationella historieromantiks andra stora idé.

Här uppgår den götiska tanken i en ännu större nordisk tanke i dess dåvarande nordisk-kristna utformning. Denna tanke stod skriven på Gustaf Adolfs fana. Denna tanke ingav honom förvissningen om det rättfärdiga i hans kamp. Denna tanke förhjälpte honom till ärofull seger över det maktlystna Rom.

Efter denna seger utvecklar sig den nordiska odlingen obehindrat ej blott i Sverige utan också i andra nordiskt betingade länder, ja den blir bestämmande för hela den västerländska kulturens utveckling under århundraden framåt.

I slutet av 1600-talet framträder så Olof Rudbeck, vår mest betydande förkämpe för götisk tanke och tradition. I sitt nationalepos "Atland eller Manheim" systematiserade han och fulländade vad hans föregångare, Jordanes, Johannes Magnus, Bureus, Stiernhielm o.a. utforskat. Hans bevisföring stödde sig på den dåtida vetenskapens och religionskunskapens ståndpunkt; därför kan självfallet hans arbete numera på flera punkter bestridas. Hans huvudtanke står sig dock genom tiderna. Dess riktighet har bekräftats av den nutida nordiska forskningen. Denna tanke är: Norden, enkannerligen Sverige, som Rudbeck kallar Manhem, utgör i mänsklighetens historia urkällan för kulturskapande kraft; Manhems bebyggare, människor av nordisk stam ha givit världen dess höga kultur. Olof Rudbecks bok låg på sin tid i alla bildade svenskars hem vid sidan av Den heliga skrift. Den var enligt dåtidens uppfattning Sveriges heliga urkund. Inflytandet av Rudbecks idéer på Sveriges öden var också oerhört stort. Det var den götiska traditionens mäktigaste våg. Ur densamma uppsteg även det i andligt avseende så ärofulla karolinska tidevarvet, med soldatkonungen Karl XII som sista samlande götiska gestalt.

Sedan följde åter förfall. Efter Gustaf III:s mord kunna vi dock skönja spridda försök att återuppliva götisk anda, tyvärr alltför svaga för att sätta spår efter sig i historien. Jag åsyftar de ordensliknande sammanslutningarna "Gamla Göter" och "Göta-Laget" mot slutet av 1700-talet, föregångare till det 1811 bildade Götiska förbundet, vars fruktbringande verkan på den äktsvenska andliga odlingen ända fram till våra dagar vi känna från det inledande kapitlet i Manhems stiftelseurkund.

Ja, så är i största korthet den götiska tankens historia. Den är som vi se liktydig med kampen för svenskhetens idé. Dess framträdande har betytt förnyelse och blomstring av vårt nationella liv, dess tillbakaträngande andligt förfall och nationell förnedring.

I våra dagars Sverige råder inre splittring och svaghet. Vi står under otillbörligt främmande, internationellt inflytande. Alla tecken tyda på tankeförgiftning, andlig ofrihet och nationell förnedring. Därför höja vi i dag på nytt den urgamla manhemsfanan, symbolen för götisk tanke och tradition, symbolen för den nordiska människan, på nordisk mark under nordisk himmel, symbolen för svenskhetens idé.

Våra motståndare må ropa sitt sedvanliga: "Historieromantik!" Ord avskräcka oss icke, allra minst detta ord, ty vi veta att detsamma på ärlig svenska betyder: tro och hänförelse, tro på vårt folks uppgift såsom ljusbringande, nordisk nation, hänförelse för svenskhetens idé.

Det är en uppgift för oss här i Manhem att hålla denna tro och denna hänförelse levande, att medels folklig, nordisk upplysning bereda väg för en ny götisk våg. –

Norden till ära!
Sveriges – det heligas – framtid till hägn!
Manhem är ordet i uppbrottets timma!

Från föreningens grundare

Hur hamnade vi här tillsammans? Det är en historia i sig och det är historien om sex personer och deras mycket olika egna resor fram till en gemensam vision och hopp för framtiden. Men det viktiga är inte vi sex personer, det viktiga är visionen och vår gemensamma strävan mot den visionens fullbordande – samt hur bra vi kommer att lyckas entusiasmera andra att själva vilja utveckla och bära visionen på sina axlar, tillsammans med oss. Klassisk organisering handlar om att några få har en idé som de presenterar och söker vinna anhängare till. Anhängarna blir sedan medlen för att nå målet. Vår tanke är en annan. Vi är inte ute efter "följare", vi ser oss inte som "ledare". Vi som utgör den grundande styrelsen för Det fria Sverige känner att vi har drivkraften, erfarenheten och möjligheten att lägga grunden för något som vi hoppas skall växa långt bortom oss själva och dessa första stapplande steg.

Till del hänger det på oss och vi har bestämt oss för att investera tid, pengar och vår kreativa energi i detta; vi tror på nödvändigheten av att redan nu, i dag, börja lägga grundstenarna för det fria Sverige. Som du uppmärksammat efter att ha läst denna skrift menar vi allvar med att vi är partipolitiskt obundna, i bemärkelsen att vi inte förfäktar en viss ideologi som vår, vilken varje medlem måste följa. Bland oss sex som grundar denna förening skiljer sig mycket åt när det kommer till realpolitiska uppfattningar såväl som ideologi, men det ser vi som en styrka och som en möjlighet till intressanta samtal och en spännande dynamik i arbetsgemenskapen. Våra skilda bakgrunder och uppfattningar om olika frågor gör att vi kan nå ut brett, vilket är en nödvändighet om föreningen skall lyfta ordentligt. Vi vill här föregå med gott exempel och visa att "högt i tak och långt till dörren" är en grund som inte bara går (utan är särdeles god) att bygga på.

Det är nationalismen som är vår gemensamma nämnare och vår övertygelse om att planera långsiktigt och arbeta lokalt – steg för steg – är rätt väg att gå som binder oss samman. Därtill ser vi, och välkomnar, vår uppgift att vara högljudda och offentliga talespersoner för svenskarnas intressen i Sverige i dag. Vi tror på oss själva, vi tror på varandra och vi hoppas att du kommer att tro på oss. Ytterligare en sak som förenar oss sex är den livsbejakande och i grunden positiva inställning vi delar. Förvisso är det en plikt att stå upp för sin familj, sitt folk och sitt land. Men mer än så är det en glädje, en välsignelse och en möjlighet som vi tar emot med ett leende. Vi vet att detta kommer att bära oss fram och få oss att möta varje framtida utmaning med spänd förväntan. Detta hoppas vi kunna förmedla till varje medlem så att dessa i sin tur kan förmedla det till sina vänner och bekanta.

Vi hoppas att vi i denna skrift har kunnat förmedla en klar och uttömmande bild över föreningens syfte och mål såväl som delmål. Det du har tagit del av är grunden. Vad vi kommer att vara om fem år, tio eller 30 år återstår att se och beror helt och hållet på oss själva. Vi är övertygade om att framtiden är ljus, även om stigen dit kan vara både snårig och brant. Men ju fler vi är som vandrar, desto fler hjälpande händer kommer det att finnas för oss alla att greppa tag i när vi snubblar eller tappar orken. Är svensk nationalism det rätta? Är folkgemenskapen möjlig? Det är upp till oss att bevisa. Vad finns det att vänta på?

Välkommen till Det fria Sverige!

Grundarna
Dan Eriksson
Ingrid Carlqvist
Patrik Larsson
Robin Holmgren
Daniel Frändelöv
Magnus Söderman

Kontaktinformation

POSTADRESS:
Det fria Sverige (DFS)
Box 541
114 79 STOCKHOLM

BANKGIRO:
729-1404

SWISH:
1235105762

HEMSIDA:
www.detfriasverige.se